L'ISLAM ET LA
SCIENCE

ERNEST RENAN

Books on Demand

Edition : Books on Demand, 12/14, Rond-Point des
Champs-Elysées, 75008 Paris (France)
Impression : Books on Demand GmbH, Norderstedt (Allemagne).
ISBN : 9782322019656
Dépôt légal : mai 2019

L'islam et la science

Conférence faite à la Sorbonne, le 29 mars 1883

Mesdames et Messieurs,

J'ai déjà tant de fois fait l'épreuve de l'attention bienveillante de cet auditoire que j'ai osé choisir, pour le traiter aujourd'hui devant vous, un sujet des plus subtils, rempli de ces distinctions délicates où il faut entrer résolument quand on veut faire sortir l'histoire du domaine des à peu près. Ce qui cause presque toujours les malentendus en histoire, c'est le manque de précision dans l'emploi des mots qui désignent les nations et les races. On parle des Grecs, des Romains, des Arabes comme si ces mots désignaient des groupes humains toujours identiques à eux-mêmes, sans tenir compte des changements produits par les conquêtes militaires, religieuses, linguistiques, par la mode et les grands courants de toutes sortes qui traversent l'histoire de l'humanité. La réalité ne se gouverne pas selon des catégories aussi simples. Nous autres Français, par exemple, nous sommes Romains par la langue, Grecs par la civilisation, Juifs par la religion. Le fait de la race, capital à l'origine, va toujours perdant de son importance à mesure que les grands faits universels qui s'appellent civilisation grecque, conquête romaine, conquête germanique, christianisme, islamisme, renaissance, philosophie, révolution, passent comme des rouleaux broyeurs sur les primitives variétés de la famille humaine et les forcent à se confondre en masses plus ou moins homogènes. Je voudrais essayer de débrouiller avec vous une des plus fortes confusions d'idées que l'on commette dans cet ordre, je veux parler de l'équivoque contenue dans ces mots : science arabe, philosophie arabe, art arabe, science musulmane, civilisation musulmane. Des idées vagues qu'on se fait sur ce point résultent beaucoup de faux jugements et même des erreurs pratiques quelquefois assez graves.

Toute personne un peu instruite des choses de notre temps voit clairement l'infériorité actuelle des pays musulmans, la décadence des États gouvernés par l'islam, la nullité intellectuelle des races qui tiennent uniquement de cette religion leur culture et leur éducation. Tous ceux qui ont été en Orient ou en Afrique sont frappés de ce qu'a de fatalement borné l'esprit d'un vrai croyant, de cette espèce de cercle de fer qui entoure sa tête, la rend absolument fermée à la science, incapable de rien apprendre ni de s'ouvrir à aucune idée nouvelle. A partir de son initiation religieuse, vers l'âge de dix ou douze ans, l'enfant musulman, jusque-là quelquefois assez éveillé, devient tout à coup fanatique, plein d'une sotte fierté de posséder ce qu'il croit la vérité absolue, heureux comme d'un privilège de ce qui fait son infériorité. Ce fol orgueil est le vice radical du musulman. L'apparente simplicité de son culte lui inspire un mépris peu justifié pour les autres religions. Persuadé que Dieu donne la fortune et le pouvoir à qui bon lui semble, sans tenir compte de l'instruction ni du mérite personnel, le musulman a le plus profond mépris pour l'instruction, pour la science, pour tout ce qui constitue l'esprit européen. Ce pli inculqué par la foi musulmane est si fort que toutes les différences de race et de nationalité disparaissent par le fait de la conversion à l'islam. Le Berber, le Soudanien, le Circassien, l'Afghan, le Malais, l'Égyptien, le Nubien, devenus musulmans, ne sont plus des Berbers, des Soudaniens, des Égyptiens, etc. ; ce sont des musulmans La Perse seule fait ici exception ; elle a su garder son génie propre ; car la Perse a su prendre dans l'islam une place à part ; elle est au fond bien plus chiite que musulmane.

Pour atténuer les fâcheuses inductions qu'on est porté à tirer de ce fait si général, contre l'islam, beaucoup de personnes font remarquer que cette décadence, après tout, peut n'être qu'un fait transitoire. Pour se rassurer sur l'avenir, elles font appel au passé. Cette civilisation musulmane, maintenant si abaissée, a été autrefois très brillante. Elle a eu des savants, des philosophes. Elle a été, pendant des siècles, la maîtresse de l'Occident chrétien. Pourquoi ce qui a été ne serait-il pas encore ? Voilà le point précis sur lequel je voudrais faire porter le débat. Y a-t-il eu réellement une science musulmane, ou du moins une science admise par l'islam, tolérée par l'islam ?

Il y a dans les faits qu'on allègue une très réelle part de vérité. Oui ; de l'an 775 à peu près, jusque vers le milieu du treizième siècle, c'est-à-dire pendant 500 ans environ, il y a eu dans les pays musulmans des savants, des penseurs très distingués. On peut même dire que, pendant ce temps, le monde musulman a été supérieur, pour la culture intellectuelle, au monde chrétien. Mais il importe de bien analyser ce fait pour n'en pas tirer des conséquences erronées. Il importe de suivre siècle par siècle l'histoire de la civilisation en Orient pour faire la part des éléments divers qui ont amené cette supériorité momentanée, laquelle s'est bientôt changée en une infériorité tout à fait caractérisée. . Rien de plus étranger à tout ce qui peut s'appeler philosophie ou science que le premier siècle de l'islam. Résultat d'une lutte religieuse qui durait depuis plusieurs siècles et tenait la conscience de l'Arabie en suspens entre les diverses formes du monothéisme sémitique, l'islam est à mille lieues de tout ce qui peut s'appeler rationalisme ou science. Les cavaliers arabes qui s'y rattachèrent comme à un prétexte pour conquérir et piller furent, à leur heure, les premiers guerriers du monde ; mais c'étaient assurément les moins philosophes des hommes. Un écrivain oriental du treizième siècle, Aboulfaradj, traçant le caractère du peuple arabe, s'exprime ainsi: « La science de ce peuple, celle dont il se faisait gloire, était la science de la langue, la connaissance de ses idiotismes, la texture des vers, l'habile composition de la prose. . . Quant à la philosophie, Dieu ne lui en avait rien appris, et ne l'y avait pas rendu propre. » Rien de plus vrai. L'Arabe nomade, le plus littéraire des hommes, est de tous les hommes le moins mystique, le moins porté à la méditation. L'Arabe religieux se contente, pour l'explication des choses, d'un Dieu créateur, gouvernant le monde directement-et se révélant à l'homme par des prophètes successifs. Aussi, tant que l'islam fut entre les mains de la race arabe, c'est-à-dire sous les quatre premiers califes et sous les Omeyyades, ne se produisit-il dans son sein aucun mouvement intellectuel d'un caractère profane. Omar n'a pas brûlé, comme on le répète souvent, la bibliothèque d'Alexandrie ; cette bibliothèque, de son temps, avait à peu près disparu ; mais le principe qu'il a fait triompher dans le monde était bien en réalité destructeur de la recherche savante et du travail varié de l'esprit. Tout fut changé, quand, vers l'an 750, la Perse prit le dessus et fit triompher la dynastie des enfants d'Abbas sur celle des Beni-Omeyya. Le centre de l'islam se trouva transporté dans la région du Tigre et de l'Euphrate. Or, ce pays était plein encore des traces d'une des plus brillantes civilisations que l'Orient ait connues, celle des Perses Sassanides, qui avait été portée à son comble sous le règne de Chosroès Nouschirvan. L'art et l'industrie florissaient en ces pays depuis des siècles. Chosroès y ajouta l'activité intellectuelle. La philosophie, chassée de Constantinople, vint se réfugier en Perse ; Chosroès fit traduire les livres de l'Inde. Les chrétiens nestoriens, qui formaient l'élément le plus considérable de la population, étaient versés dans la science et la philosophie grecques ; la médecine était tout entière entre leurs mains ; leurs évêques étaient des logiciens, des géomètres. Dans les épopées persanes, dont la couleur locale est empruntée aux temps sassanides, quand Roustem veut construire un pont, il fait venir un djathalik (catholicos, nom des patriarches ou évêques nestoriens) en guise d'ingénieur.

Le terrible coup de vent de l'islam arrêta net, pendant une centaine d'années, tout ce beau développement iranien. Mais l'avènement des Abbasides sembla une résurrection de l'éclat des Chosroès. La révolution qui porta cette dynastie au trône fut faite par des troupes persanes, ayant des chefs persans. Ses fondateurs, Aboul-Abbas et surtout Mansour, sont toujours entourés de Persans. Ce sont en quelque sorte des Sassanides ressuscités ;les conseillers intimes, les précepteurs des princes, les premiers ministres sont les Barmékides, famille de l'ancienne Perse, très éclairée, restée fidèle au culte national, au parsisme, et qui ne se convertit à l'islam que tard et sans conviction. Les nestoriens entourèrent bientôt ces califes peu croyants et devinrent, par une sorte de privilège exclusif, leurs premiers médecins. Une ville qui a eu dans l'histoire de l'esprit humain un rôle tout à fait à part, la ville de

Harran, était restée païenne et avait gardé toute la tradition scientifique de l'antiquité grecque ; elle fournit à la nouvelle école un contingent considérable de savants étrangers aux religions révélées, surtout d'habiles astronomes.

Bagdad s'éleva comme la capitale de cette Perse renaissante. La langue de la conquête, l'arabe, ne put être supplantée, non plus que la religion tout à fait reniée ; mais l'esprit de cette nouvelle civilisation fut essentiellement mixte. Les Parsis, les chrétiens, l'emportèrent ; l'administration, la police en particulier, fut entre les mains des chrétiens. Tous ces brillants califes, contemporains de nos Carlovingiens, Mansour, Haroun al-Baschid, Mamoun sont à peine musulmans. Ils pratiquent extérieurement la religion dont ils sont les chefs, les papes, si l'on peut s'exprimer ainsi ; mais leur esprit est ailleurs. Ils sont curieux de toute chose, surtout des choses exotiques et païennes ; ils interrogent l'Inde, la vieille Perse, la Grèce surtout. Parfois, il est vrai, les piétistes musulmans amènent à la cour, d'étranges réactions ; le calife, à certains moments, se fait dévot et sacrifie ses amis infidèles ou libres penseurs ;

puis le souffle de l'indépendance reprend le dessus ; alors le calife rappelle ses savants et ses compagnons de plaisir, et la libre vie recommence, au grand scandale des musulmans puritains.

Telle est l'explication de cette curieuse et attachante civilisation de Bagdad, dont les fables des Mille et une Nuits ont fixé les traits dans toutes les imaginations ; mélange bizarre de rigorisme officiel et de secret relâchement, âge de jeunesse et d'inconséquence, où les arts sérieux et les arts de la vie joyeuse fleurissent grâce à la protection des chefs mal pensants d'une religion fanatique ; où le libertin, bien que toujours sous la menace des plus cruels châtiments, était flatté, recherché à la cour. Sous le règne de ces califes, parfois tolérants, parfois persécuteurs à regret, la libre pensée se développa ; les motecallemîn ou « disputeurs » tenaient des séances où toutes les religions étaient examinées d'après la raison. Nous avons en quelque sorte le compte rendu d'une de ces séances fait par un dévot. Permettez-moi de vous le lire, tel que M. Dozy l'a traduit.

Un docteur de Kairoan demande à un pieux théologien espagnol, qui avait fait le voyage de Bagdad, si, pendant son séjour dans cette ville, il avait assisté aux séances des motecallemîn. « J'y ai assisté deux fois, répond l'Espagnol, mais je me suis bien gardé d'y retourner. — Et pourquoi ? lui demanda son interlocuteur. — Vous allez en juger, répondit le voyageur. A la première séance à laquelle j'assistai, se trouvaient non seulement des musulmans de toute sorte, orthodoxes et hétérodoxes, mais aussi des mécréants, des guèbres, des matérialistes, des athées, des juifs, des chrétiens ; bref, il y avait des incrédules de toute espèce. Chaque secte avait son chef, chargé de défendre les opinions qu'elle professait, et, chaque fois qu'un de ces chefs entrait dans la salle, tous se levaient en signe de respect, et personne ne reprenait sa place avant que ce chef se fût assis. La salle fut bientôt comble, et, lorsqu'on se vit au complet, un des incrédules prit la parole: « Nous sommes réunis pour raisonner, dit-il. Vous connaissez tous les conditions. Vous autres, musulmans, vous ne nous alléguerez pas des raisons tirées de votre livre ou fondées sur l'autorité de votre prophète ; car nous ne croyons ni à l'un ni à l'autre. Chacun doit se borner à des arguments tirés de la raison. »

Tous applaudirent à ces paroles. Vous comprenez, ajoute l'Espagnol, qu'après avoir entendu de telles choses, je ne retournai plus dans cette assemblée. On me proposa d'en visiter une autre ; mais c'était le même scandale. »

Un véritable mouvement philosophique et scientifique fut la conséquence de ce ralentissement momentané de la rigueur orthodoxe. Les médecins syriens chrétiens, continuateurs des dernières écoles grecques, étaient fort versés dans la philosophie péripatéticienne, dans les mathématiques, dans la médecine, l'astronomie. Les califes les employèrent à traduire en arabe l'encyclopédie d'Aristote, Euclide, Galien, Ptolémée, en un mot tout l'ensemble de la science grecque tel qu'on le possédait alors. Des esprits actifs, tels qu'Alkindi, commencèrent à spéculer sur les problèmes éternels que l'homme se pose sans pouvoir les résoudre. On les appela filsouf (philosophos), et dès lors ce mot exotique fut pris en mauvaise part comme désignant quelque chose d'étranger à l'islam. Filsouf devint chez les musulmans une appellation redoutable, entraînant souvent la mort ou la persécution, comme zendik et plus tard farmaçoun (franc-maçon). C'était, il faut l'avouer, le rationalisme le plus complet qui se produisait au sein de l'islam. Une sorte de société philosophique, qui s'appelait les Ikhwan es-safa, « les frères de la sincérité, » se mit à publier une encyclopédie philosophique, remarquable par la sagesse et l'élévation des idées. Deux très grands hommes, Alfarabi et Avicenne, se placent bientôt au rang des penseurs les plus complets qui aient existé. L'astronomie et l'algèbre prennent, en Perse surtout» de remarquables développements. La chimie poursuit son long travail souterrain, qui se révèle au dehors par d'étonnants résultats, tels que la distillation, peut-être la poudre. L'Espagne musulmane se met à ces études à la suite de l'Orient ; les juifs y apportent une collaboration active. Ibn-Badja, Ibn-Tofaïl, Averroès élèvent la pensée philosophique, au douzième siècle, à des hauteurs où, depuis l'antiquité, on ne l'avait point vue portée.

Tel est ce grand ensemble philosophique, que l'on a coutume d'appeler arabe, parce qu'il est écrit en arabe, mais qui est en réalité gréco-sassanide. Il serait plus exact de dire grec ; car l'élément vraiment fécond de tout cela venait de la Grèce. On valait, dans ces temps d'abaissement, en proportion de ce qu'on savait de la vieille Grèce. La Grèce était la source unique du savoir et de la droite pensée. La supériorité de la Syrie et de Bagdad sur l'Occident latin venait uniquement de ce qu'on y touchait de bien plus près la tradition grecque. Il était plus facile d'avoir un Euclide, un Ptolémée, un Aristote à Harran, à Bagdad qu'à Paris. Ah ! si les Byzantins avaient voulu être gardiens moins jaloux des trésors qu'à ce moment ils ne lisaient guère ; si, dès le huitième ou le neuvième siècle, il y avait eu des Bessarion et des Lascaris ! On n'aurait pas eu besoin de ce détour étrange qui fit que la science grecque nous arriva au douzième siècle, en passant par la Syrie, par Bagdad, par Cordoue, par Tolède. Mais cette espèce de providence secrète qui fait que, quand le flambeau de l'esprit humain va s'éteindre entre les mains d'un peuple, un autre se trouve là pour le relever et le rallumer, donna une valeur de premier ordre à l'œuvre, sans cela obscure, de ces pauvres Syriens, de ces filsouf persécutés, de ces Harraniens que leur incrédulité mettait au ban de l'humanité d'alors. Ce fut par ces traductions arabes des ouvrages de science et de philosophie grecque que l'Europe reçut le ferment de tradition antique nécessaire à l'éclosion de son génie.

En effet, pendant qu'Averroès, le dernier philosophe arabe, mourait à Maroc, dans la tristesse et l'abandon, notre Occident était en plein éveil. Abélard a déjà poussé le cri du rationalisme renaissant. L'Europe a trouvé son génie et commence cette évolution extraordinaire, dont le dernier terme sera la complète émancipation de l'esprit humain. Ici, sur la montagne Sainte-Geneviève, se créait un sensorium nouveau pour le travail de l'esprit. Ce qui manquait, c'étaient les livres, les sources pures de l'antiquité. Il semble au premier coup d'œil qu'il eût été plus naturel d'aller les demander aux bibliothèques de Constantinople, où se trouvaient les originaux, qu'à des traductions souvent médiocres en une langue qui se prêtait peu à rendre la pensée grecque. Mais les discussions religieuses avaient créé entre le monde latin et le monde grec une déplorable antipathie ; la funeste croisade de 1204 ne fit que l'exaspérer. Et puis, nous n'avions pas d'hellénistes ; il fallait encore attendre trois cents ans pour que nous eussions un Lefèvre d'Étaples, un Budé.

A défaut de la vraie philosophie grecque authentique, qui était dans les bibliothèques byzantines, on alla donc chercher en Espagne une science grecque mal traduite et frelatée. Je ne parlerai pas de Gerbert, dont les voyages parmi les musulmans sont chose fort douteuse ; mais, dès le onzième siècle, Constantin l'Africain est supérieur en connaissances à son temps et à son pays, parce qu'il a reçu une éducation musulmane. De 1130 à 1150, un collège actif de traducteurs, établi à Tolède sous le patronage de l'archevêque Raymond, fait passer en latin les ouvrages les plus importants de la science arabe. Dès les premières années du treizième siècle, l'Aristote arabe fait dans l'Université de Paris son entrée triomphante. L'Occident a secoué son infériorité de quatre ou cinq cents ans. Jusqu'ici l'Europe a été scientifiquement tributaire des musulmans. Vers le milieu du treizième siècle, la balance est incertaine encore. A partir de 1275 à peu près, deux mouvements apparaissent avec évidence : d'une part, les pays musulmans s'abîment dans la plus triste décadence intellectuelle ; de l'autre, l'Europe occidentale entre résolument pour son compte dans cette grande voie de la recherche scientifique de la vérité, courbe immense dont l'amplitude ne peut pas encore être mesurée.

Malheur à qui devient inutile au progrès humain ! Il est supprimé presque aussitôt. Quand la science dite arabe a inoculé son germe de vie à l'Occident latin, elle disparaît. Pendant qu'Averroès arrive dans les écoles latines à une célébrité presque égale à celle d'Aristote, il est oublié chez ses coreligionnaires. Passé l'an 1200 à peu près, il n'y a plus un seul philosophearabe de renom. La philosophie avait toujours été persécutée au sein de l'islam, mais d'une façon qui n'avait pas réussi à la supprimer. A partir de 1200, la réaction théologique l'emporte tout à fait. La philosophie est abolie dans les pays musulmans. Les historiens et les polygraphes n'en parlent que comme d'un souvenir, et d'un mauvais souvenir. Les manuscrits philosophiques sont détruits et deviennent rares. L'astronomie n'est tolérée que pour la partie qui sert à déterminer la direction de la prière. Bientôt la race turque prendra l'hégémonie de l'islam, et fera prévaloir partout son manque total d'esprit philosophique et scientifique. A partir de ce moment, à quelques rares exceptions près, comme Ibn-Khaldoun, l'islam ne comptera plus aucun esprit large ; il a tué la science et la philosophie dans son sein.

Je n'ai point cherché, Messieurs, à diminuer le rôle de cette grande science dite arabe qui marque une étape si importante dans l'histoire de l'esprit humain. On en a exagéré l'originalité sur quelques points, notamment en ce qui touche l'astronomie ; il ne faut pas verser dans l'autre excès, en la dépréciant outre mesure. Entre la disparition de la civilisation antique, au sixième siècle, et la naissance du génie européen au douzième et au treizième, il y a eu ce qu'on peut appeler la période arabe, durant laquelle la tradition de l'esprit humain s'est faite par les régions conquises à l'islam. Cette science dite arabe, qu'a-t-elle d'arabe en réalité ? La langue, rien que la langue. La conquêtemusulmane avait porté la langue de l'Hedjaz jusqu'au bout du monde. Il arriva pour l'arabe ce qui est arrivé pour le latin, lequel est devenu, en Occident, l'expression de sentiments et de pensées qui n'avaient rien à faire avec le vieux Latium.

Averroès, Avicenne, Albaténi sont des Arabes, comme Albert le Grand, Roger Bacon, François Bacon, Spinoza sont des Latins. Il y a un aussi grand malentendu à mettre la science et la philosophie arabes au compte de l'Arabie qu'à mettre toute la littérature chrétienne latine, tous les scolastiques, toute la Renaissance, toute la science du seizième et en partie du dix-septième siècle au compte de la ville de Rome, parce que tout cela est écrit en latin. Ce qu'il y a de bien remarquable, en effet, c'est que, parmi les philosophes et les savants dits arabes, il n'y en a guère qu'un seul, Alkindi, qui soit d'origine arabe ; tous les autres sont des Persans, des Transoxiens, des Espagnols, des gens de Bokhara, de Samarkande, de Cordoue, de Séville. Non seulement, ce ne sont pas des Arabes de sang ; mais ils n'ont rien d'arabe d'esprit. Ils se servent de l'arabe ; mais ils en sont gênés, comme les penseurs du moyen âge sont gênés par le latin et le brisent à leur usage. L'arabe, qui se prête si bien à la poésie et à une certaine éloquence, est un instrument fort incommode pour la métaphysique. Les philosophes et les savants arabes sont en général d'assez mauvais écrivains.

Cette science n'est pas arabe. Est-elle du moins musulmane ? L'islamisme a-t-il offert à ces recherches rationnelles quelque secours tutélaire ? Oh ! en aucune façon ! Ce beau mouvement d'études est tout entier l'œuvre de parsis, de chrétiens, de juifs, de harraniens, d'ismaéliens, de musulmans intérieurement révoltés contre leur propre religion. Il n'a recueilli des musulmans orthodoxes que des malédictions. Mamoun, celui des califes qui montra le plus de zèle pour l'introduction de la philosophie grecque, fut damné sans pitié par les théologiens ; les malheurs qui affligèrent son règne furent présentés comme des punitions de sa tolérance pour des doctrines étrangères à l'islam. Il n'était pas rare que, pour plaire à la multitude ameutée par les imans, on brûlât sur les places publiques, on jetât dans les puits et les citernes les livres de philosophie, d'astronomie. Ceux qui cultivaient ces études étaient appelés zendiks (mécréants) ; on les frappait dans les rues, on brûlait leurs maisons, et souvent l'autorité, pour complaire à la foule, les faisait mettre à mort.

L'islamisme, en réalité, a donc toujours

persécuté la science et la philosophie. Il a fini par les étouffer. Seulement, il faut distinguer à cet égard deux périodes dans l'histoire de l'islam ; l'une, depuis ses commencements jusqu'au douzième siècle, l'autre, depuis le treizième siècle jusqu'à nos jours. Dans la première période, l'islam, miné par les sectes et tempéré par une espèce de protestantisme (ce qu'on appelle le motazélisme), est bien moins organisé et moins fanatique qu'il ne l'a été dans le second âge, quand il est tombé entre les mains des races tartares et berbères, races lourdes, brutales et sans esprit. L'islamisme offre cette particularité qu'il a obtenu de ses adeptes une foi toujours de plus en plus forte. Les premiers Arabes qui s'engagèrent dans le mouvement croyaient à peine en la mission du Prophète. Pendant deux ou trois siècles, l'incrédulité est à peine dissimulée. Puis vient le règne absolu du dogme, sans aucune séparation possible du spirituel et du temporel ; le règne avec coercition et châtiments corporels pour celui qui ne pratique pas ; un système, enfin, qui n'a guère été dépassé, en fait de vexations, que par l'Inquisition espagnole. La liberté n'est jamais plus profondément blessée que par une organisation sociale où le dogme règne et domine absolument la vie civile. Dans les temps modernes, nous n'avons vu que deux exemples d'un tel régime: d'une part, les États musulmans ; de l'autre, l'ancien État pontifical du temps du pouvoir temporel. Et il faut dire que la papauté temporelle n'a pesé que sur un bien petit pays, tandis que l'islamisme écrase de vastes portions de notre globe et y maintient l'idée la plus opposée au progrès: l'État fondé sur, une prétendue révélation, le dogme gouvernant la société.

Les libéraux qui défendent l'islam ne le connaissent pas. L'islam, c'est l'union indiscernable du spirituel et du temporel, c'est le règne d'un dogme, c'est la chaîne la plus lourde que l'humanité ait jamais portée. Dans la première moitié du moyen âge, je le répète, l'islam a supporté la philosophie, parce qu'il n'a pas pu l'empêcher ; il n'a pas pu l'empêcher, car il était sans cohésion, peu outillé pour la terreur. La police était entre les mains des chrétiens et occupée principalement à poursuivre les tentatives des Alides. Une foule de choses passaient à travers les mailles de ce filet assez lâche. Mais, quand l'islam a disposé de masses ardemment croyantes, il a tout étouffé. La terreur religieuse et l'hypocrisie ont été à l'ordre du jour. L'islam a été libéral quand il a été faible, et violent quand il a été fort. Ne lui faisons donc pas honneur de ce qu'il n'a pas pu empêcher. Faire honneur à l'islam de la philosophie et de la science qu'il n'a pas tout d'abord anéanties, c'est comme si l'on faisait honneur aux théologiens des découvertes de la science moderne. Ces découvertes se sont faites malgré les théologiens. La théologie occidentale n'a pas été moins persécutrice que celle de l'islamisme. Seulement, elle n'a pas réussi, elle n'a pas écrasé l'esprit moderne, comme l'islamisme a écrasé l'esprit des pays qu'il a conquis. Dans notre Occident, la persécution théologique n'a réussi qu'en un seul pays : c'est en Espagne. Là, un terrible système d'oppression a étouffé l'esprit scientifique. Hâtons-nous de le dire, ce noble pays prendra sa revanche. Dans les pays musulmans, il s'est passé ce qui serait arrivé en Europe si l'Inquisition, Philippe II et Pie V avaient réussi dans leur plan d'arrêter l'esprit humain. Franchement, j'ai beaucoup de peine à savoir gré aux gens du mal qu'ils n'ont pas pu faire. Non ; les religions ont leurs grandes et belles heures, quand elles consolent et relèvent les parties faibles de notre pauvre humanité ; mais il ne faut pas leur faire compliment de ce qui est né malgré elles, de ce qu'elles ont cherché à empêcher. On n'hérite pas des gens qu'on assassine ; on ne doit point faire bénéficier les persécuteurs des choses qu'ils ont persécutées.

C'est pourtant là ce que l'on fait quand on attribue à l'influence de l'islam un mouvement qui s'est produit malgré l'islam, contre l'islam, et que l'islam, heureusement, n'a pas pu empêcher. Faire honneur à l'islam d'Avicenne, d'Avenzoar, d'Averroès, c'est comme si l'on faisait honneur au catholicisme de Galilée. La théologie a gêné Galilée ; elle n'a pas été assez forte pour l'arrêter ; ce n'est pas une raison pour qu'il faille lui en avoir une grande reconnaissance. Loin de moi des paroles d'amertume contre aucun des symboles dans lesquels la conscience humaine a cherché le repos au milieu des insolubles problèmes que lui présentent l'univers et sa destinée ! L'islamisme a de belles parties comme religion ; je ne suis jamais entré dans une mosquée sans une vive émotion, le dirai-je ? sans un certain regret de n'être pas musulman.

Mais, pour la raison humaine, l'islamisme n'a été que nuisible. Les esprits qu'il a fermés à la lumière y étaient déjà sans doute fermés par leurs propres bornes intérieures ; mais il a persécuté la libre pensée, je ne dirai pas plus violemment que d'autres systèmes religieux, mais plus efficacement. Il a fait des pays qu'il a conquis un champ fermé à la culture rationnelle de l'esprit.

Ce qui distingue, en effet, essentiellement le musulman, c'est la haine de la science, c'est la persuasion que la recherche est inutile, frivole, presque impie: la science de la nature, parce qu'elle est une concurrence faite à Dieu ; la science historique, parce que, s'appliquant à des temps antérieurs à l'islam, elle pourrait raviver d'anciennes erreurs. Un des témoignages les plus curieux à cet égard est celui du cheik Rifaa, qui avait résidé plusieurs années à Paris comme aumônier de l'École égyptienne, et qui, après son retour en Égypte, fit un ouvrage plein des observations les plus curieuses sur la société française. Son idée fixe est que la science européenne, surtout par son principe de la permanence des lois de la nature, est d'un bout à l'autre une hérésie ; et, il faut le dire, au point de vue de l'islam, il n'a pas tout à fait tort. Un dogme révélé est toujours opposé à la recherche libre, qui peut le contredire. Le résultat de la science est non pas d'expulser, mais d'éloigner toujours le divin, de l'éloigner, dis-je, du monde des faits particuliers où l'on croyait le voir. L'expérience fait reculer le surnaturel et restreint son domaine. Or le surnaturel est la base de toute théologie. L'islam, en traitant la science comme son ennemie, n'est que conséquent ; mais il est dangereux d'être trop conséquent. L'islam a réussi pour son malheur. En tuant la science, il s'est tué lui-même, et s'est condamné dans le monde à une complète infériorité.

Quand on part de cette idée que la recherche est une chose attentatoire aux droits de Dieu, on arrive inévitablement à la paresse d'esprit, au manque de précision, à l'incapacité d'être exact. Allah aalam, « Dieu sait mieux ce qui en est », est le dernier mot de toute discussion musulmane. Dans les premiers temps de son séjour à Mossoul, M. Layard désira, en esprit clair qu'il était, avoir quelques données sur la population de la ville, sur son commerce, ses traditions historiques. Il s'adressa au cadi, qui lui fit la réponse suivante, dont je dois la traduction à une personne amie:

« Ô mon illustre ami, ô joie des vivants !

« Ce que tu me demandes est à la fois inutile et nuisible. Bien que tous mes jours se soient écoulés dans ce pays, je n'ai jamais songé à en compter les maisons, ni à m'informer du nombre de leurs habitants. Et, quant à ce que celui-ci met de marchandises sur ses mulets, celui-là au fond de sa barque, en vérité, c'est là une chose qui ne me regarde nullement. Pour l'histoire antérieure de cette cité, Dieu seul la sait, et seul il pourrait dire de combien d'erreurs ses habitants se sont abreuvés avant la conquête de l'islamisme. Il serait dangereux à nous de vouloir les connaître.

« Ô mon ami, ô ma brebis, ne cherche pas à connaître ce qui ne te concerne pas. Tu es venu parmi nous et nous t'avons donné le salut de bienvenue ; va-t'en en paix ! A la vérité, toutes les paroles que tu m'as dites ne m'ont fait aucun mal ; car celui qui parle est un, et celui qui écoute est un autre. Selon la coutume des hommes de ta nation, tu as parcouru beaucoup de contrées jusqu'à ce que tu n'aies plus trouvé le bonheur nulle part. Nous (Dieu en soit béni !), nous sommes nés ici, et nous ne désirons point en partir.

« Écoute, ô mon fils, il n'y a point de sagesse égale à celle de croire en Dieu. Il a créé le monde ; devons-nous tenter de l'égaler en cherchant à pénétrer les mystères de sa création ? Vois cette étoile qui tourne là-haut autour de cette étoile ; regarde cette autre étoile qui traîne une queue et qui met tant d'années à venir et tant d'années à s'éloigner ; laisse-la, mon fils ; celui dont les mains la formèrent saura bien la conduire et la diriger.

« Mais tu me diras peut-être : « Ô homme ! retire-toi, car je suis plus savant que toi, et j'ai vu des choses que tu ignores ! » Si tu penses que ces choses t'ont rendu meilleur que je ne le suis, sois doublement le bienvenu ; mais, moi, je bénis Dieu de ne pas chercher ce dont je n'ai pas besoin. Tu es instruit dans des choses qui ne m'intéressent pas, et ce que tu as vu, je le dédaigne. Une science plus vaste te créera-t-elle un second estomac, et tes yeux, qui vont furetant partout, te feront-ils trouver un paradis ?

« Ô mon ami, si tu veux être heureux, écrie-toi : « Dieu seul est Dieu ! » Ne fais point de mal, et alors tu ne craindras ni les hommes ni la mort, car ton heure viendra. »

Ce cadi est très philosophe à sa manière ; mais voici la différence. Nous trouvons charmante la lettre du cadi, et lui, il trouverait ce que nous disons ici abominable. C'est pour une société, d'ailleurs, que les suites d'un pareil esprit sont funestes. Des deux conséquences qu'entraîne le manque d'esprit scientifique, la superstition ou le dogmatisme, la seconde est peut-être pire que la première. L'Orient n'est pas superstitieux ; son grand mal, c'est le dogmatisme étroit, qui s'impose par la force de la société tout entière. Le but de l'humanité, ce n'est pas le repos dans une ignorance résignée ; c'est la guerre implacable contre le faux, la lutte contre le mal.

La science est l'âme d'une société ; car la science, c'est la raison. Elle crée la supériorité militaire et la supériorité industrielle. Elle créera un jour la supériorité sociale, je veux dire un état de société où la quantité de justice qui est compatible avec l'essence de l'univers sera procurée. La science met la force au service de la raison. Il y a en Asie des éléments de barbarie analogues à ceux qui ont formé les premières armées musulmanes et ces grands cyclones d'Attila, de Gengiskhan.

Mais la science leur barre le chemin. Si Omar, si Gengiskhan avaient rencontré devant eux une bonne artillerie, ils n'eussent pas dépassé les limites de leur désert. Il ne faut pas s'arrêter à des aberrations momentanées. Que n'a-t-on pas dit, à l'origine, contre les armes à feu, lesquelles pourtant ont bien contribué à la victoire de la civilisation ? Pour moi, j'ai la conviction que la science est bonne, qu'elle seule fournit des armes contre le mal qu'on peut faire avec elle, qu'en définitive elle ne servira que le progrès, j'entends le vrai progrès, celui qui est inséparable du respect de l'homme et de la liberté.

Ernest Renan.